Conservación de la energía

Suzanne Barchers

Asesor

Brent Tanner
Ingeniero mecánico

Créditos de publicación

Rachelle Cracchiolo, M.S.Ed., *Editora comercial*
Conni Medina, M.A.Ed., *Gerente editorial*
Diana Kenney, M.A.Ed., NBCT, *Editora principal*
Dona Herweck Rice, *Realizadora de la serie*
Robin Erickson, *Diseñadora de multimedia*
Timothy Bradley, *Ilustrador*

Créditos de las imágenes: págs.2-3 iStock; pág.7
American Institute of Physics/Science Source; pág.8 Ai
Wire/Newscom; pág.10 iStock; pág15. Turner, Orren Jack/
Library of Congress pág16. (ilustración) Timothy Bradley;
pág.18 (ilustración) Timothy Bradley; pág.19 iStock;
pág.25 Getty Images/Dorling Kindersley; pág.26 iStock;
pág.27 © Blend Images/Alamy; págs.28-29 (ilustraciones)
Timothy Bradley; pág.31 iStock; pág.32 Hemis/Alamy; las
demás imágenes cortesía de Shutterstock.

Teacher Created Materials
5301 Oceanus Drive
Huntington Beach, CA 92649-1030
http://www.tcmpub.com
ISBN 978-1-4258-4717-3

Contenido

Energía para el día

La luz solar se asoma por la ventana un sábado por la mañana. La luz y el calor te despiertan de un sueño profundo. Caminas somnoliento por el pasillo hasta la cocina, donde enciendes la luz y te sirves un tazón de cereal. ¡Sin duda necesitarás energía para el gran juego del día!

Desde la luz solar hasta los pasos hacia la cocina, y hasta el cereal que comerás apurado, la energía está en todas partes. No podemos ver la energía, pero podemos ver sus efectos. Cuando el viento sopla una hoja por el aire o el sol ilumina el cielo, la energía está involucrada.

La energía es la capacidad de hacer un **trabajo**. En otras palabras, la energía hace que las cosas sucedan. El viento y el sol tienen energía. Usas la energía para mover el cuerpo y las cosas que te rodean. El cuerpo usa la energía de la comida para impulsar estos movimientos. A veces puedes sentir la energía en forma de calor.

Existen reglas acerca de cómo se comporta la energía. Una de estas reglas establece que la energía no puede ser creada ni destruida. Esta se conoce como la *ley de la conservación de la energía*, y es la primera ley de la **termodinámica**. La energía puede cambiar de forma y moverse de un lugar a otro, pero siempre tiene la misma cantidad.

Para entender mejor por qué la energía no puede ser creada ni destruida, debes conocer los tipos de energía y cómo se transfieren.

Las leyes de la termodinámica rigen el cómo y el porqué de la transferencia de energía.

Energía cinética y potencial

La energía puede tomar muchas formas. Pero todas estas formas se reducen a dos tipos principales: **energía potencial** y **energía cinética**.

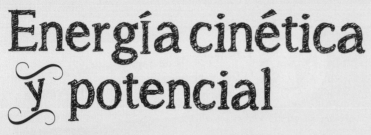

Energía potencial

¿Alguna vez alguien te dijo que tienes potencial? Esto quiere decir que tienes muchas posibilidades para el futuro. La idea de la energía potencial es similar. Es energía almacenada que espera para ser utilizada. Los objetos con energía potencial no están en movimiento, pero tienen el potencial de moverse en el futuro. Una montaña rusa en la cima de una montaña tiene energía potencial. La energía está almacenada mientras espera. Cuando la montaña rusa comienza a andar, pierde la energía potencial. La energía no se puede crear ni destruir. Por eso, su energía potencial simplemente se convierte en energía en movimiento.

Hay diferentes tipos de energía potencial. La energía que se almacena después de estirar o comprimir elementos, es energía potencial elástica. Cosas como las bandas elásticas tienen este tipo de energía. Tienen el potencial de hacer que los objetos se muevan.

También está la energía potencial gravitacional. Esta es la energía de un objeto por encima del nivel del suelo. Mientras un objeto cae, pierde su energía gravitacional potencial. Esta energía se ve afectada por la **masa** de un objeto. También se ve afectada por la altura del objeto respecto del suelo. Las cosas más pesadas, o las que están más elevadas respecto del suelo, tienen más de este tipo de energía.

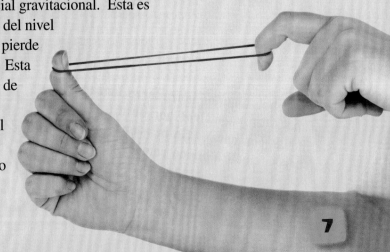

Energía cinética

La energía cinética es la energía del movimiento. Todo lo que se mueve tiene energía cinética. La energía cinética del objeto depende de su masa. Esto significa que un objeto más grande en movimiento tiene más energía que un objeto más pequeño en movimiento. La energía cinética también depende de la **velocidad** del objeto, o de lo rápido que se mueva. Significa que un objeto que se mueve rápido tiene más energía que un objeto que se mueve más lento.

Pero, ¿cómo obtienen los objetos la energía cinética? La ley de la conservación de la energía establece que la energía no puede ser creada ni destruida. Pero la energía se puede mover de un lugar a otro. Cuando la montaña rusa comienza a descender, su energía potencial cambia a energía cinética.

En el béisbol, algunos lanzadores lanzan la pelota a 160 kilómetros por hora (100 millas por hora). En ocasiones, toda esa energía cinética puede romper el bate.

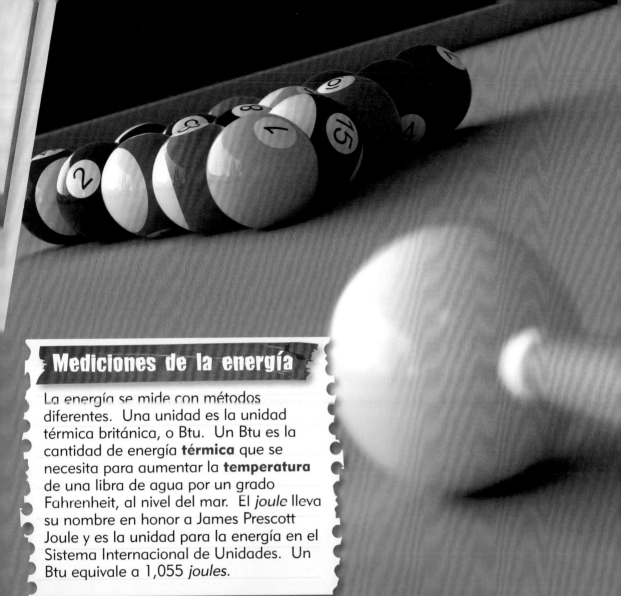

Mediciones de la energía

La energía se mide con métodos diferentes. Una unidad es la unidad térmica británica, o Btu. Un Btu es la cantidad de energía **térmica** que se necesita para aumentar la **temperatura** de una libra de agua por un grado Fahrenheit, al nivel del mar. El *joule* lleva su nombre en honor a James Prescott Joule y es la unidad para la energía en el Sistema Internacional de Unidades. Un Btu equivale a 1,055 *joules*.

La energía cinética también puede ser transferida cuando los objetos colisionan. Piensa, por ejemplo, en un juego de billar. Primero, el taco golpea la bola. La energía cinética se transfiere del taco a la bola. Luego, esa primera bola golpea a otra. La energía cinética es transferida de una bola a la otra, haciendo que la segunda bola se mueva.

La energía está a nuestro alrededor. Ya sea almacenada como energía potencial o en movimiento como energía cinética, está en funcionamiento.

Las formas de la energía

Dentro de estos tipos principales de energía, hay tipos específicos. Estas incluyen la energía mecánica, térmica, eléctrica y química.

Energía mecánica

Los objetos tienen **energía mecánica** debido al movimiento, a la posición, o a ambos. Un automóvil en movimiento tiene energía mecánica debido al movimiento. Un libro en un estante tiene energía mecánica porque está en lo alto.

La energía mecánica es la suma de la energía cinética y la energía potencial de un objeto que se usa para trabajar. El trabajo se realiza cuando un objeto transfiere energía a otro objeto. Por ejemplo, la energía potencial de tu mano se convierte en energía cinética cuando usas un martillo. Esta energía cinética y potencial se convierte en energía mecánica cuando el martillo colisiona con el clavo y hace que se mueva. Y el trabajo está listo.

Todos los objetos en movimiento tienen energía mecánica.

Energía térmica

Piensa en una taza de chocolate caliente. Las pequeñas partículas que conforman la bebida están en movimiento. Mientras más rápido se mueven, más energía tienen. Más energía significa que tienen una temperatura más alta.

Las partículas también están en movimiento cuando los objetos están fríos, pero el movimiento es más lento. Significa que tienen menos energía, lo que equivale a una temperatura más baja.

La energía calórica total de todas las partículas en una sustancia es la **energía térmica**. El tamaño y la temperatura de un objeto afectan la cantidad de energía térmica que tiene. Normalmente, un objeto grande tiene más energía térmica que un objeto pequeño. Un objeto tibio tiene más energía térmica que un objeto frío.

Calentar para enfriar

Los refrigeradores y los congeladores parecen generar frío, pero solo pueden generar calor. De hecho, transfieren las moléculas de movimiento más rápido a una bobina adjunta en la parte externa del refrigerador. Lo que hacen es eliminar el calor para enfriar la comida.

Energía eléctrica

Usamos la **energía eléctrica** para muchas cosas. Para calentar y enfriar las casas. Para iluminar las calles y los edificios. Pero también la vemos naturalmente en forma de relámpago y de electricidad estática.

La electricidad se genera cuando las partículas con carga negativa llamadas **electrones** se mueven entre los **átomos**. La energía eléctrica es el flujo de esta carga eléctrica.

Los átomos son tan pequeños que no se pueden ver con la luz. Los científicos usan microscopios especiales para verlos.

protón

neutrón

electrón

Pequeñas partículas

Los átomos están compuestos por electrones, protones y neutrones. Los protones y los neutrones están en el centro de los átomos. Pero los electrones tienen la libertad de saltar de un átomo a otro.

Energía química

La **energía química** es un tipo de energía potencial almacenada en los alimentos, el combustible y otra materia. La energía química se puede encontrar en los compuestos químicos. Se trata de sustancias compuestas de dos o más tipos de átomos enlazados. Esta energía está almacenada en sus enlaces. Cuando estos enlaces se rompen, se forman enlaces nuevos que liberan o absorben energía.

La energía química es importante para la vida como la conocemos. De hecho, sería difícil pasar un día sin ella. Por ejemplo, cuando comemos, el cuerpo descompone la comida y la almacena como energía química. Usamos esta energía para funcionar. Es el mismo tipo de energía almacenada en la gasolina y las baterías.

Ninguno de estos tipos de energía pueden ser creados o destruidos. Pero pueden cambiar o moverse.

La energía se transforma

Igual que el calor del sol se mueve por el espacio para calentar la Tierra, la energía se mueve de un lugar a otro. La energía también puede pasar por transformaciones. Significa que la energía puede cambiar de una forma a otra. Por ejemplo, las plantas convierten la energía lumínica en energía química para producir su alimento. Cuando te quedas quieto, tienes energía potencial. Pero cuando comienzas a moverte, se transforma en energía cinética.

El carbón es una fuente de energía química. Cuando se quema el carbón, su energía química se transforma en energía térmica. Esta energía puede utilizarse para cocinar alimentos. También puede usarse para hacer funcionar un generador. Esta es una máquina que transforma la energía térmica en energía mecánica. Luego transforma la energía mecánica en energía eléctrica que usarán en los hogares y las ciudades.

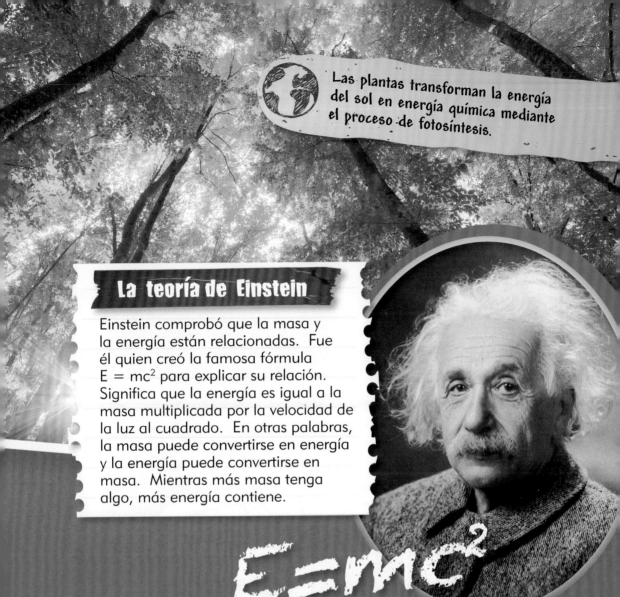

Las plantas transforman la energía del sol en energía química mediante el proceso de fotosíntesis.

La teoría de Einstein

Einstein comprobó que la masa y la energía están relacionadas. Fue él quien creó la famosa fórmula $E = mc^2$ para explicar su relación. Significa que la energía es igual a la masa multiplicada por la velocidad de la luz al cuadrado. En otras palabras, la masa puede convertirse en energía y la energía puede convertirse en masa. Mientras más masa tenga algo, más energía contiene.

$$E = mc^2$$

La energía se transforma siempre que algo se mueve, salta, corre o explota. Siempre que algo ilumina, respira, piensa, baila o hace cualquier cosa, es porque la energía está cambiando de una forma a la otra.

Cuando la energía se transforma, también puede producir calor. El calor es el movimiento de la energía térmica entre dos objetos. Pero existen muchas formas en las que el calor puede moverse.

Calor

Si alguna vez te quemaste la mano con una cacerola caliente, entonces ciertamente sentiste el calor. El calor es el movimiento de la energía térmica y puede suceder de tres maneras: **conducción**, **convección** y **radiación**.

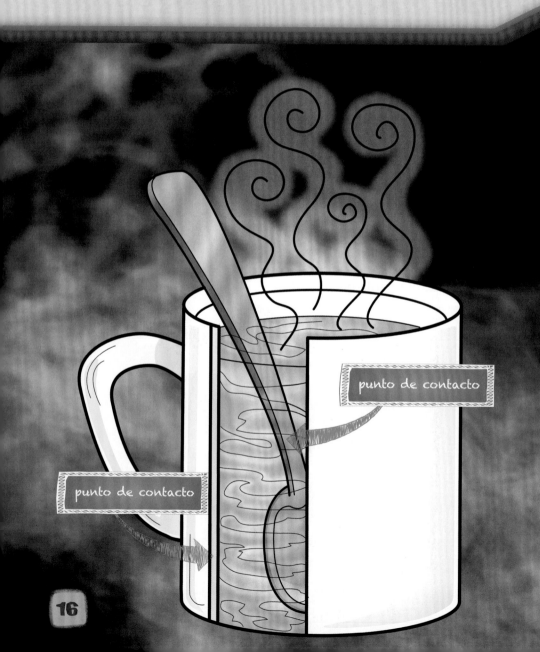

punto de contacto

punto de contacto

Emparejado

La energía térmica siempre busca igualarse. La conducción continuará hasta que ambas cosas tengan la misma temperatura. Si tienes una cuchara sobre una cacerola caliente, la cuchara se calentará a través de la conducción. Pero la cuchara también enfría un poco la cacerola. Es una cantidad tan pequeña que nunca la notarás.

Conducción

La energía térmica puede trasladarse de una partícula a la otra. Cuando una molécula se calienta, comienza a moverse. Se agita rápidamente y choca contra otras moléculas. El calor se transfiere cuando las moléculas chocan. Esta energía se pasa entre todas las moléculas de un objeto a través del contacto directo. Esta transferencia se llama *conducción*. Continúa hasta que todas las moléculas tienen la misma cantidad de energía térmica.

Imagina una cuchara de metal dentro de una cacerola caliente. La cacerola caliente está hecha de moléculas que se mueven muy rápidamente. Estas moléculas chocan contra las moléculas de la cuchara fría, que se mueven más lentamente. Las moléculas de la cuchara que se mueven más lentamente comienzan a moverse más rápido y se calientan. La cuchara repite el proceso de conducción. Continúa hasta que todas las moléculas tengan la misma cantidad de energía.

Es por esto que es agradable poner las manos frías sobre la taza caliente. El calor de la taza es conducido a las manos frías.

Convección

La energía térmica también puede trasladarse a través de la convección. La convección es la transferencia del calor por el ascenso y descenso de fluidos, como el aire o el agua. Este flujo de calor se denomina *corriente*. Las corrientes viajan en un ciclo.

Primero, el calor hace que el aire o el agua se expandan. Cuando el aire o el agua se expanden, se vuelven menos densos. El material que es menos denso siempre se eleva por encima del material más denso. Cuando el aire o el agua se elevan, comienzan a enfriarse, haciéndolos que se hundan nuevamente. El aire o el agua más fríos ocupan el lugar que dejaron el aire o el agua más calientes al elevarse. Y así continúa el ciclo.

Así funciona el tiempo

La convección ocurre también en la atmósfera. El sol calienta el aire, haciendo que se eleve. El aire más frío baja para ocupar su lugar. A veces sentimos este movimiento como viento. El viento sopla las nubes por todos lados trayendo así la lluvia, la nieve y el granizo.

☐ aire frío y denso

■ aire caliente, menos denso

Usamos la convección para cocinar. Imagina que estás cocinando espaguetis en la estufa. Cuando colocas los espaguetis en una olla con agua, los fideos se hunden. Cuando la temperatura de la estufa calienta el agua, los espaguetis se elevan. Los espaguetis siguen el patrón ascendente y descendente de las corrientes de convección en el agua.

La calefacción por convección funciona de forma similar. Los calefactores comienzan calentando el aire que está a su alrededor. Cuando el aire se calienta, se expande y se traslada hacia arriba. El aire caliente se enfría y baja nuevamente hacia el calefactor. El calefactor calienta el aire frío nuevamente y el ciclo continúa.

Los gases en la atmósfera circulan a través de la convección.

Radiación

La energía térmica también puede transferirse mediante la radiación. La radiación es la transferencia del calor a través de ondas electromagnéticas. Estas son ondas que pueden trasladarse a través del espacio vacío o la materia. Estas ondas no necesitan moléculas a su alrededor para mover la energía. De los tres métodos de transferencia del calor, la radiación es la única que puede hacer esto. La conducción y la convección necesitan algo por lo que el calor pueda trasladarse.

Una fuente que produce radiación electromagnética es el sol. Proviene de gases extremadamente calientes que arden en el sol. El sol envía esta radiación a través de millones de millas de espacio vacío. Lo vemos en forma de luz solar. Cuando la radiación llega a la Tierra, comienza a calentar las moléculas en el cielo y en el suelo.

El fuego también emite radiación. Lo hace a través de ondas que transfieren el calor a los objetos mediante la radiación. Una persona cerca de una fogata sentirá el calor que irradia el fuego. Es así incluso si el aire alrededor está frío. El fuego también transfiere el calor al aire que está alrededor mediante la convección. Sucede cuando el aire alrededor del fuego se calienta y se expande.

Sin la transferencia del calor, todo estaría a la misma temperatura. La próxima vez que disfrutes una comida caliente o el aire acondicionado en un día caluroso, puedes pensar en la transferencia del calor.

¡Las personas irradian calor! De hecho, toda materia que esté más caliente que el aire a su alrededor irradia calor.

El calor a tu alrededor

Observa a tu alrededor y fíjate si puedes encontrar lugares donde se esté transfiriendo el calor. ¿Se transfiere por conducción, por convección o por radiación?

Las leyes de la termodinámica

Ya aprendiste la primera ley de la termodinámica. Establece que la energía no puede crearse ni destruirse. Pero puede cambiar de forma gracias a las transformaciones. La segunda ley de la termodinámica está relacionada con la energía que parece perderse.

La segunda ley de la termodinámica establece que a pesar de que la energía no puede crearse ni destruirse, existe energía que no puede utilizarse para un trabajo: se desperdicia. Este concepto se conoce como **entropía**. Por ejemplo, quizás hayas notado que una computadora portátil se calienta luego de que la hayas usado un tiempo. La computadora no está usando esa energía para hacer un trabajo. Es calor desperdiciado.

Comprensión de los sistemas

La entropía usualmente se estudia dentro de sistemas cerrados. Un sistema cerrado es toda área definida que no intercambia materia ni energía con su entorno. Los sistemas cerrados pueden ser tan grandes como nuestro universo o tan pequeños como un tubo de ensayo. Solo depende de lo que quieras estudiar.

Nada es perfecto. Todos los sistemas pierden un poco de energía debido a la entropía. De hecho, si no se agrega nueva energía, un sistema finalmente se quedará sin energía. Y entonces no podrá hacer el trabajo.

Por ejemplo, cuando pedaleas mucho en la bicicleta, puedes andar sin pedalear durante un tiempo. Pero pronto, comienzas a perder velocidad, entonces pedaleas un poco más. Si no transfieres nada de nueva energía a la bicicleta, finalmente se detendrá.

Aunque no se puede evitar la entropía, las personas trabajan mucho para intentar hacer cosas que usen energía tan eficientemente como sea posible.

La entropía también puede observarse cuando una bombilla eléctrica transforma la energía eléctrica en energía lumínica. No toda la energía eléctrica se convierte en luz. Parte de esa energía se convierte en calor. Esto es energía desperdiciada si no se usa para producir trabajo en un sistema. La eficiencia de conversión de energía es qué tan eficientemente, o bien, un objeto transforma la energía. Un objeto es altamente eficiente cuando usa gran parte de la energía que recibe para hacer un trabajo.

Por ejemplo, un martillo usa gran parte de la energía de tu brazo para clavar un clavo en la madera. El clavo, la madera y el martillo se calientan, pero no mucho. Una bombilla eléctrica tradicional, por otro lado, es ineficiente. Gran parte de su energía se transforma en calor. Es por esto que es mejor usar bombillas eléctricas energéticamente eficientes. Desperdician menos energía.

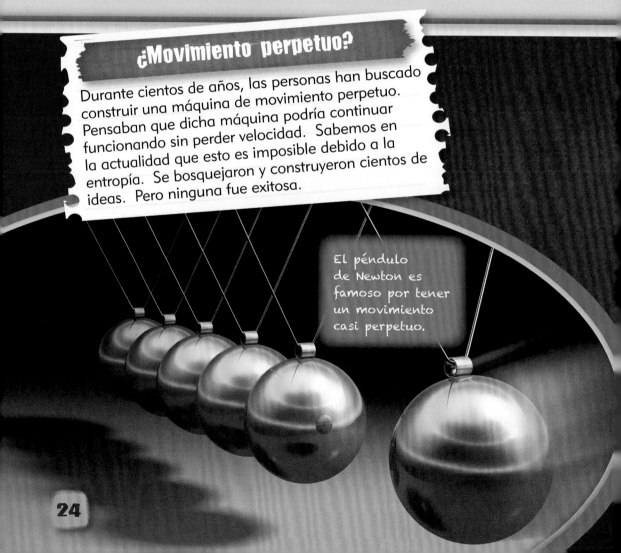

¿Movimiento perpetuo?

Durante cientos de años, las personas han buscado construir una máquina de movimiento perpetuo. Pensaban que dicha máquina podría continuar funcionando sin perder velocidad. Sabemos en la actualidad que esto es imposible debido a la entropía. Se bosquejaron y construyeron cientos de ideas. Pero ninguna fue exitosa.

El péndulo de Newton es famoso por tener un movimiento casi perpetuo.

Los ingenieros están constantemente buscando formas de hacer que las cosas usen la energía más eficientemente. Las máquinas son eficientes desde el punto de vista energético si pueden hacer la misma cantidad de trabajo con menos energía. También son eficientes desde el punto de vista energético si pueden hacer más trabajo con la misma cantidad de energía. De cualquier manera, la eficiencia resulta en el ahorro de energía.

La búsqueda del movimiento perpetuo existe desde el siglo XII.

Un inventor intenta crear una máquina de movimiento perpetuo.

Está en todas partes

La energía está a nuestro alrededor. Sin ella, nada viviría, ni se movería ni reaccionaría. La energía literalmente hace andar el mundo.

Piensa en toda la energía que estás usando al leer este libro. El corazón bombea sangre y los pulmones se llenan de aire. El cuerpo digiere los alimentos que acabas de comer. Quizás estés moviendo el pie o tocándote el cabello. Todas estas cosas necesitan energía. Pero la ley de la conservación de la energía establece que esta energía no puede crearse, la energía siempre viene de otro lugar. Las personas usan la energía química que proviene de los alimentos que comen. Pero esa energía viene de otro lugar. La ley establece también que la energía no puede destruirse. ¿Qué trabajo está haciendo esta energía? También se pierde calor a través de la entropía, de modo que nuestros cuerpos irradian ese calor que se pierde. Es por esto que debemos continuar poniendo más energía en el cuerpo para que continúe funcionando.

Y esta es solo la energía del cuerpo; existen muchas otras formas en las que usamos la energía durante el día. El sol calienta el océano, lo que causa los patrones de tiempo atmosférico. La electricidad se usa para hacer funcionar todos los electrodomésticos de la casa. ¿En qué otro lugar ves energía? Una vez que comienzas a notarla, ¡la verás en todos lados!

Piensa como un científico

¿De qué forma la altura de un objeto afecta su energía? ¡Experimenta y averígualo!

Qué conseguir

- pelota de goma
- regla de un metro
- silla o banco

Qué hacer

1 Sostén la pelota delante de ti a la altura de tu cintura. Deja caer la pelota y pídele a un amigo que mida qué tan alto rebota.

2 Registra tus resultados en una tabla como esta.

Punto de partida	Altura del rebote
cintura	
hombro	
encima de la cabeza	
banco o silla	

3 Repite el Paso 1, esta vez sosteniendo la pelota a la altura de tus hombros. Registra la altura del rebote.

4 Repite nuevamente, sosteniendo la pelota en lo alto, por encima de tu cabeza. Registra la altura del rebote.

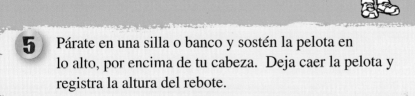

5 Párate en una silla o banco y sostén la pelota en lo alto, por encima de tu cabeza. Deja caer la pelota y registra la altura del rebote.

6 Revisa tu tabla. ¿De qué forma la altura de la pelota afecta cómo rebota? ¿De dónde vino esta energía?

Glosario

átomos: las partículas más pequeñas de una sustancia que pueden existir por sí mismas

conducción: el movimiento del calor o la electricidad a través de algo

convección: el movimiento de un gas o líquido en el que las partes más cálidas se mueven hacia arriba y las más frías hacia abajo

electrones: partículas con carga negativa en un átomo

energía cinética: la energía que tiene un objeto gracias a su movimiento

energía eléctrica: la energía producida por un flujo de electrones

energía mecánica: la energía que tienen los objetos debido a su movimiento y posición

energía potencial: la energía que tiene un objeto gracias a su posición; energía almacenada

energía química: la energía almacenada en los alimentos, el combustible u otra materia

energía térmica: la energía total de todas las partículas en una sustancia

entropía: la medida de caos en un sistema

masa: la cantidad de materia que contiene un objeto

radiación: la transferencia del calor por el espacio vacío a través de ondas

temperatura: la cantidad promedio de energía cinética que tienen las partículas de un objeto

térmica: que se relaciona con la temperatura

termodinámica: el estudio del movimiento del calor

trabajo: la transferencia de energía ocasionada cuando una fuerza mueve un objeto

transformaciones: cambios totales o importantes de una forma de energía a otra

velocidad: la tasa de cambio de celeridad y dirección

Índice

¡TU TURNO!

Espectáculo circense

Observa detenidamente la imagen que está arriba. ¿Puedes ver las diferentes formas de energía? ¿Se está transfiriendo energía? ¿Se está produciendo calor? Nombra tantos tipos diferentes de energía como puedas. Compara tus observaciones con un compañero y analiza las diferencias.